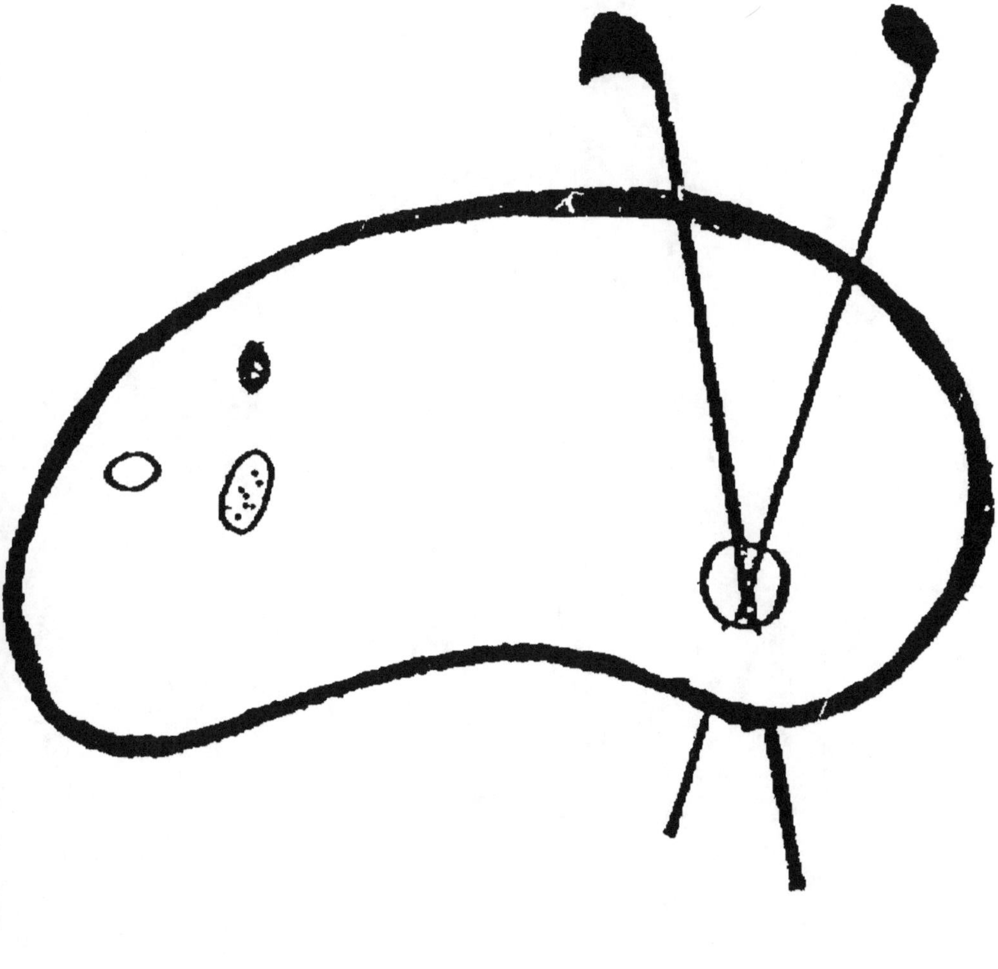

DEBUT D'UNE SERIE DE DOCUMENTS
EN COULEUR

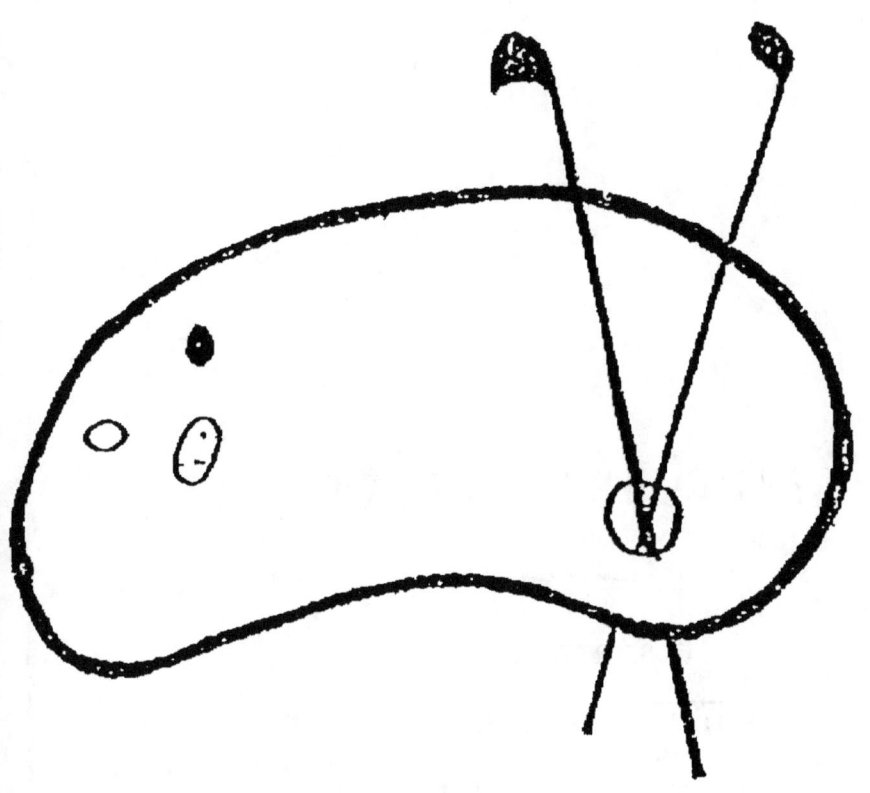

FIN D'UNE SERIE DE DOCUMENTS
EN COULEUR

LE
LIVRE DES ENFANTS

5ᵉ SÉRIE IN-12.

Va-t'en, je n'ai pas de pain pour toi.
(*Le Pain et l'Eau.*)

LE
LIVRE DES ENFANTS

LEÇONS DE MORALE

SUIVIES

D'HISTORIETTES INSTRUCTIVES ET AMUSANTES

A L'USAGE DES ÉCOLES PRIMAIRES.

LIMOGES
EUGÈNE ARDANT ET Cie, ÉDITEURS.

Propriété des Éditeurs.

NOTA

—

Le Livre des Enfants a été approuvé par la Commission des Bibliothèques scolaires et des Livres de Prix, dans la Séance du 30 janvier 1879.

LE LIVRE
DES ENFANTS.

DEVOIRS ENVERS DIEU.

J'ai achevé, mes amis, de vous tracer le tableau de l'œuvre de la création et des productions de l'intelligence humaine; je vais terminer ce livre en vous instruisant en peu de mots des devoirs que vous avez à remplir. Vous devez vous y conformer avec bien de la joie à ces devoirs, puisqu'ils sont le seul moyen que vous possédiez de témoigner votre reconnaissance à Dieu, qui a tant fait pour vous, et à vos pè-

'res et mères, qui vous aiment avec une si vive tendresse.

Les devoirs d'un enfant sont au nombre de cinq : 1° envers Dieu, 2° envers les parents ; 3° envers les maîtres ; 4° envers les inférieurs ; 5° envers la société.

Un enfant ne doit jamais oublier un seul moment que Dieu est son créateur et son maître ; que Dieu lui a donné des lois auxquelles il doit se soumettre ; enfin que la plus secrète de ses actions n'échappe pas à l'Eternel, qui voit tout.

L'obéissance et l'amour porteront donc l'enfant à rendre ses hommages au Créateur, le matin, le soir, et dans les instants de la journée où il reçoit ses bienfaits.

Il obéira aux commandements

de Dieu et à ceux que ses représentants sur la terre font en son nom.

Lorsqu'il se présentera dans l'église, qui est le temple du Seigneur, il aura soin de s'y tenir avec décence, recueillement, et de prier jusqu'à la fin du service divin.

Celui qui ne s'écarte jamais des devoirs que Dieu a prescrits à tous les hommes, obtient la protection céleste, est respecté de ses semblables, et jouira d'un bonheur éternel dans le ciel.

DEVOIRS ENVERS LES PARENTS.

Après Dieu, les personnes que nous devons le plus aimer sont nos père et mère. En effet, que de soins n'ont-ils pas eus pour nous depuis notre naissance? Que de peines ne se donnent-ils pas pour soigner notre faible et longue enfance? Voyez cette tendre mère passer les jours et les nuits auprès du jeune enfant qu'elle allaite : pour elle, jamais de repos. Pendant le jour, son occupation est de calmer les cris, d'apaiser les douleurs de son fils : la nuit survient, elle veille encore près du berceau de ce rejeton chéri, de crainte que son sommeil ne soit troublé. O mes amis! si vous saviez ce que vous avez coûté de soucis et d'inquiétude à vos mères, si vous pouviez comprendre avec quelle force de sentiment elles vous aiment, votre amour pour elles deviendrait un véritable culte!

Et ne croyez pas que les soins

de vos parents soient bornés à votre enfance : ils sont de toute la vie et ne font qu'augmenter avec votre âge.

Vous aimerez donc vos parents, et vous leur prouverez votre amour par votre obéissance, votre assiduité au travail, par les efforts que vous ferez pour acquérir de l'instruction.

En aimant vos parents, en leur obéissant, en vous efforçant de leur être agréable par une bonne conduite, vous attirerez sur vous les bénédictions de Dieu; car il a dit à l'homme : « Honore ton père et ta mère, si tu veux vivre longtemps sur la terre. »

DEVOIRS ENVERS LES MAITRES.

Les occupations nombreuses

de vos parents, les affaires multipliées auxquelles ils se livrent, les devoirs de leur état, ne leur permettent pas, mes enfants, de vous donner eux-mêmes l'instruction dont vous avez besoin. Il faut donc qu'ils confient le soin de votre éducation à des personnes dont la capacité et les bonnes mœurs sont éprouvées par de longs travaux et par une vie sans reproches. Ces personnes sont vos maîtres. Dépositaires de l'autorité que vos pères et mères ont sur vous, votre premier devoir est de leur obéir comme aux représentants de ceux qui vous ont donné le jour. Mais bornerez-vous là vos sentiments pour eux ? Non, mes enfants, ceux d'entre vous qui ont une belle âme ne se croiront pas quittes envers leurs maîtres, s'ils ne les aiment comme de seconds parents. La tâche qu'ils remplissent est pénible ; efforcez-vous donc de la rendre plus facile par votre douceur, votre attention et votre docilité.

DEVOIRS ENVERS LES INFÉRIEURS.

Tous les hommes sont égaux devant Dieu, et tous les Français sont égaux devant la loi ; nous n'avons donc pas réellement d'inférieurs ; mais il se trouve des personnes que le défaut de fortune contraint à nous consacrer leurs travaux moyennant salaire.

Envers ces inférieurs par position, l'enfant a des devoirs de bienveillance et de délicatesse à remplir ; il doit s'attacher à leur parler avec affabilité, à rendre agréables leurs rapports mutuels. Par de bons procédés, on gagne toujours l'affection des domestiques, et ils s'attachent alors à ceux qu'ils servent.

DEVOIRS ENVERS LA SOCIÉTÉ.

La société se compose de tous les hommes, un grand devoir lie entre eux les membres de la société humaine; c'est le divin précepte : AIME TON PROCHAIN COMME TOI-MÊME; NE FAIS JAMAIS AUX AUTRES CE QUE TU NE VOUDRAIS PAS QU'ON TE FÎT A TOI-MÊME. Celui qui prend ce précepte pour règle de conduite est certain de remplir ses devoirs envers la société, car il les renferme tous.

La société universelle se divise

en société partielles qui sont les peuples. Chaque peuple a sa patrie, et les devoirs envers la patrie sont nombreux et sacrés; mais vous êtes trop jeunes, mes petits amis, pour que je vous en entretienne.

Une fraction de la société avec laquelle vous êtes en rapport, c'est vous-mêmes, c'est-à-dire tous les enfants de votre âge, vos camarades. Croyez-vous être exempts de devoirs les uns envers les autres? Non, ou vous seriez dans une grande erreur. Prenez donc pour règle la maxime de Jésus-Christ que j'ai placée en tête de ce chapitre, il en résultera pour vous un grand bien : votre caractère s'adoucira, vous prendrez des manières aimables et polies, on se plaira au milieu de vous, chacun vous chérira et s'efforcera de vous faire plaisir.

Les devoirs généraux que vous avez à remplir envers la société sont : la politesse envers tous, quels qu'ils soient; de la bienveillance, de la douceur dans les paroles; le respect envers les vieillards, envers les infirmes, les malheureux; le respect également envers les personnes placées au-dessus de vous par le rang qu'elles occupent dans la société.

DE L'UTILITÉ D'UN ÉTAT.

Dieu en créant l'homme lui a imposé le travail comme une nécessité. Riches et pauvres sont donc obligés de se créer une occupation : les premiers, pour se rendre utiles à leurs concitoyens, à la patrie; les seconds, pour soutenir leur existence.

Celui qui, possédant de grandes richesses, dit : Je serai oisif, je ne ferai rien, est un méprisable égoïste. Il est bientôt puni de sa paresse, car l'ennui et les maladies assiégent son âme et son corps affaiblis par la mollesse et l'oisiveté.

Vous voyez, chers enfants, que nul ne peut se soustraire au travail; il faut savoir choisir celui qui convient à la position dans laquelle Dieu nous a placés.

Lorsque vous aurez reçu l'éducation convenable au rang que votre famille tient dans la société, alors vous vous déciderez sur le choix d'un état. Les arts manuels conviennent à ceux qui n'ont pas de fortune. Ils auraient tort de vouloir s'ouvrir la carrière des beaux-arts ou des lettres, à moins d'avoir de grandes dispositions naturelles. D'ailleurs, c'est un méprisable préjugé que celui qui représente les arts manuels comme dégradants. C'est l'intelligence, la politesse des manières et du langage, et la manière de vivre qui donnent le rang, plutôt que le genre de travail auquel on s'occupe. Tel ne fera pas société avec un homme vivant du produit du labeur de ses mains, parce que cet homme est grossier dans ses manières, son langage et ses goûts, et non pas parce qu'il est paysan ou journalier.

PETITS CONTES.

LES BUISSONS.

M. l'abbé Olivier, jeune ecclésiastique, s'était toujours senti une grande propension à s'occuper de l'éducation de la jeunesse; il avait un frère aîné nommé Pierre, qui, après quelques années de mariage, se trouvait chargé d'une nombreuse famille. A l'âge de vingt-huit ans, M. Olivier obtint une cure dans un gros bourg, près de Poitiers, et alors il demanda à son frère de lui envoyer ses deux fils aînés, lui proposant de les garder près de lui et de les instruire. Afin de déguiser le service qu'il voulait rendre à sa famille, il ne parlait guère dans sa lettre que du vif plaisir qu'il se promettait dans la société de deux enfants aussi aimables que Philibert et Alexandre, ses deux neveux.

M. Pierre Olivier s'empressa de déférer à la demande de son frère, car il savait ne pouvoir rien faire de plus avantageux pour ses fils que de leur donner un instituteur bon, savant et pieux comme leur oncle.

Les deux enfants arrivèrent au presbytère, et M. Olivier fut charmé de l'air de ses élèves; ils étaient doux, bien élevés, et déjà possédaient quelques connaissances. De leur côté, ceux-ci se plurent beaucoup avec un maître qui savait exciter sans cesse leur attention, piquer leur curiosité, et enfin leur rendre l'étude facile et agréable.

Dans toutes les leçons que l'abbé Olivier donnait à ses neveux, il remontait à la cause première; quand il leur faisait admirer les beautés de la nature, le lever du soleil, le ciel, qui pendant la nuit s'illumine de mille feux, il leur rappelait que l'auteur de ces merveilles c'est Dieu. Il leur disait souvent que plus l'homme est savant, plus il trouve de motifs d'admirer la bonté et la puissance du créateur; car, la science démontre que dans la nature rien n'existe en vain; que les choses qui nous semblent au premier aspect nuisibles ou inutiles, sont souvent les preuves les plus convaincantes de l'intelligence infinie qui a présidé à la création.

Dans les premiers jours du printemps, l'oncle et les deux neveux étaient, vers le soir, à se promener au milieu des champs Philibert et Alexandre regardaient défiler devant eux un beau troupeau de moutons. L'oncle leur expliquait quel usage on fait de la laine, et leur apprenait à admirer la prévoyance divine qui, à l'approche de l'hiver, rend plus épaisse la fourrure ou la toison des animaux, afin de les mieux garantir des frimas.

En causant ainsi, ils vinrent à passer devant un gros buisson d'aubépine, et Philibert, en s'en approchant un peu trop, eut la figure légèrement égratignée par une branche qui avançait sur le chemin ; il s'écria avec impatience :

— Ah ! mon Dieu, pourquoi

y a-t-il des buissons pleins d'épines qui viennent ainsi déchirer la figure des passants ?

— Comment ! Philibert, répondit son oncle, tu voudrais que ces buissons se dérangeassent pour te faire place ?

— Je ne suis pas si exigeant, mais je voudrais qu'on me dise à quoi sont bonnes les épines qui m'égratignent ! et voyez, ce n'est pas à moi seul qu'elles font du mal ! toutes leurs branches du bas sont chargées de flocons de laine, que les moutons se sont laissé enlever par ces méchantes pointes.

— Vraiment, Philibert, je crois que tu as raison, dit à son tour Alexandre, les buissons sont des brigands qui attendent les gens sur les chemins pour verser leur sang ou les voler ; ce serait, je crois, faire une bonne œuvre que de les détruire.

— Une bonne œuvre, mon cher neveu, le croyez-vous? Alors je suis des vôtres; il est trop tard ce soir pour la commencer; mais demain matin nous nous lèverons au point du jour pour nous mettre à détruire ces méchants buissons. Nous ferons bien de ne pas perdre de temps, car il me semble qu'il y en a beaucoup et partout.

Les deux enfants furent étonnés de cet assentiment; toutefois leur attention fut bientôt détournée, et ils ne pensèrent plus aux épines.

Le lendemain matin leur oncle les fit lever dès l'aurore.

— Partons, disait-il, prenez chacun une serpe et allons abattre tous les buissons épineux, qui ne sont bons à rien.

Alexandre et Philibert se hâtèrent, quoiqu'un peu surpris, et suivirent leur oncle. En arrivant en haut d'une colline, ils aperçurent les buissons qui avaient excité la mauvaise humeur de Philibert; c'était une partie de la clôture d'un vaste champ de blé, dont la tendre verdure ressemblait à un tapis de couleur d'émeraude. L'aubépine qui formait les haies en grande partie, était alors tout en fleurs, et formait d'immenses bouquets, embaumant au loin la campagne.

— Eh bien! Philibert, dit M. Olivier, voilà ton ennemi : en avant! marche!

— Mon oncle, j'ai scrupule de détruire des arbustes aussi jolis.

— Puisqu'ils te sont nuisibles, à toi, aux moutons, à tout le monde.

— Quant à moi, j'aurais dû me déranger, je ne me plains plus.

— Au fait, je crois, comme toi, que tu as crié sans motif sérieux; tu pouvais te détourner d'un buisson, comme de tout autre objet inanimé; mais les moutons, les pauvres moutons, dont les buissons volent la laine! il faut songer à eux, ils n'ont pas l'instinct de se défendre contre de telles attaques! Avançons donc, et préparez vos serpes.

En approchant de la haie, les enfants y virent un grand nombre d'oiseaux. Les uns prenaient dans leur bec un brin de la laine restée aux buissons et s'envolaient; les autres se disputaient un petit flocon, chacun en attrapait sa part et suivait les premiers, puis revenait; enfin les oiseaux faisaient si bien qu'il ne restait presque plus de laine aux buissons.

— Ah! mon frère, vois donc, disait Alexandre; les oiseaux mangent-ils donc la laine?

— Je crois que c'est pour leur nid qu'ils viennent la recueillir.

— C'est donc à présent que les oiseaux construisent leur nid?

— Oui, vraiment, et cela me fait naître une idée; dites-moi, mon oncle, les moutons laissent-ils ainsi, en tout temps, de la laine aux buissons?

— Non, mon ami, c'est seulement après le temps froid, lorsque leur toison est près de se dégarnir.

— Oh! mon oncle, maintenant je reconnais ma faute; hier j'oubliais vos leçons quand je supposais que Dieu pouvait avoir fait quelque chose sans but et sans utilité! Oui, les buissons sont une œuvre bien touchante! s'ils recueillent cette laine qui devient inutile aux brebis, c'est pour la donner aux oiseaux, afin que leurs nouveaux-nés aient chaud et soient mollement couchés dans leur nid.

En ce moment arriva le fermier auquel appartenait le champ de blé que les buissons entouraient, il salua son curé respectueusement, lui souhaita le bonjour, puis il demanda ce qui l'amenait de si bon matin dans les champs. M. Olivier lui conta, en souriant, l'aventure, et termina en lui disant pour quelle raison ses neveux avaient renoncé à leur projet.

— Vos motifs sont très bons, mes petits messieurs, dit le fermier, cependant permettez-moi de vous dire qu'il y en a de meilleurs à y ajouter.

Non-seulement les buissons sont agréables à voir et GÉNÉREUX pour les petits oiseaux ; mais encore ils sont, pour les hommes, de la plus grande utilité. Voyez la haie qui entoure ce champ de blé, il ne pourrait y passer un lapin, aussi le blé n'est mangé ni par les bêtes fauves ni par les bestiaux ; mon jardin n'a pas d'autre enceinte, et elle le défend mieux qu'un mur. Ah! les buissons d'épines sont un grand bienfait de la Providence pour les gens de la campagne ; ils forment des clôtures excellentes qui ne coûtent presque rien, qui s'améliorent chaque année et qui donnent même un peu de bois.

Cette leçon s'est gravée pour toujours dans le cœur d'Alexandre et de Philibert; jamais ils n'ont oublié que toute œuvre de Dieu a son utilité, évidente ou cachée.

LE MENSONGE PUNI.

Adèle, fille d'un honnête artisan, avait la direction du ménage de son père, qui était resté veuf. Elle conduisait fort bien la maison, travaillait avec activité, mais elle aimait trop la toilette. Elle avait envie d'une robe de soie verte qui devait coûter six francs l'aune; elle pria son père, qui lui avait promis une robe, de lui donner de quoi acheter celle-ci, elle le trompa en lui affirmant qu'elle ne coûterait que trois francs l'aune. Le père consentit, et comme il fallait dix aunes, il donna trente francs et trouva que c'était beaucoup. Qu'eût-il dit, s'il eût su le véritable prix ? Adèle avait quelques économies qui lui fournirent les trente francs de surplus; elle alla bien joyeuse acheter sa robe, la paya et l'apporta à la maison.

Le jour même, tandis qu'elle était allée au marché, il vint chez son père un marchand colporteur qui était Juif.

— N'avez-vous pas besoin, dit-il, d'une robe pour votre fille ?

— Vraiment non, répondit le père, car elle en a acheté aujourd'hui une superbe et qui me coûte bien cher; voyez-la, ne s'est-elle point fait attraper ?

— Et combien a-t-elle payé cette étoffe ? dit le Juif.

— Trois francs l'aune.

— C'est cher; cependant, comme l'on m'a demandé une robe toute pareille, et qu'il s'agit d'une bonne pratique que je ne veux pas faire attendre, si vous voulez me céder cette étoffe, je vous la payerai trois francs dix sous l'aune. Le père d'Adèle s'empressa d'accepter, il livra l'étoffe et reçut l'argent.

Quand celle-ci rentra, son père lui annonça avec joie le marché qu'il venait de conclure.

— Ah! mon Dieu! s'écria-t-elle, vous me faites perdre vingt-cinq francs! A peine eut-elle dit ces paroles qu'elle s'en repentit;

car le père en exigea l'explication, et il fallut avouer son excessive coquetterie et sa dissimulation.

— Le ciel t'a déjà punie de ton mensonge, dit le père, j'ajouterai encore à cette punition, car je garderai l'argent du Juif, et tu n'auras pas de robe. La punition était sévère, mais elle était bien méritée.

LA MENDIANTE

Une dame hérita d'un de ses parents, qui laissait une grande fortune. Ce parent était le seigneur d'un village, où il possédait un beau château. Avant de mourir, il recommanda à la dame de faire sur ses biens une pension de cent écus à la famille la plus charitable du village.

Au bout de quelque temps, la dame fit annoncer qu'elle allait venir prendre possession du château ; et deux jours avant celui qu'elle avait fixé, l'on vit dans le village une pauvresse étrangère qui allait, de porte en porte, demander l'aumône. Dans la plupart des maisons, on lui répondait durement que le pain était cher, et qu'il n'y en avait pas de trop. Dans d'autres, tout en la rudoyant, on lui donnait quelque liard ou quelque morceau de pain moisi, quelque pomme à moitié gâtée. Enfin, elle arriva près d'une cabane habitée par un paysan, sa femme et leur petit enfant. Comme la pauvresse grelottait de froid, et qu'elle avait la figure et les mains toutes violettes, tant elle souffrait de la rigueur de la saison, le paysan, sitôt qu'il la vit à sa porte, lui dit d'entrer et de se chauffer à son feu. Puis il lui versa un verre de vin, sa femme lui coupa un morceau de pain qu'elle avait chez elle, et le lui donna, avec une tranche de jambon. Le petit enfant aussi se montra charitable et lui offrit la moitié d'un morceau de galette que sa mère venait de lui donner. La pauvresse s'en alla en les bénissant

Le surlendemain, l'on apprit que la dame du château venait d'arriver, et les habitants du village furent invités par elle à dîner. On les introduisit dans une salle à manger où il y avait une grande et une petite table. Celle-ci était couverte des mets les plus exquis, sur la grande il y avait beaucoup d'assiettes couvertes.

La dame fit placer à cette table tous les gens du village, à l'exception de la famille qui avait secouru la mendiante, puis elle dit:

— Mon parent, qui m'a laissé ce château, m'a ordonné de faire une rente de cent écus au plus charitable d'entre vous. Pour pouvoir remplir ses volontés, j'ai voulu vous éprouver. C'est moi qui avant-hier ai parcouru le village sous l'habit d'une pauvresse. Chacun de vous peut se rendre justice, et se dire s'il m'a bien accueillie. Je n'ai trouvé de charitables que ce pauvre homme, sa femme et son fils; aussi auront-ils la rente de cent écus tant que l'un d'eux vivra. Je leur dois aussi un dîner; qu'ils se mettent avec moi à cette table, je vais le leur rendre le mieux qu'il me sera possible. Quant à vous autres, vous trouverez sur vos assiettes la juste récompense de ce que vous m'avez donné : **vous** pouvez lever les couvercles.

Les paysans n'étaient pas fort satisfaits de ce discours, ils le furent encore moins de ce qu'ils trouvèrent devant eux; ceux qui n'avaient rien donné virent leurs assiettes absolument vides; les autres trouvèrent l'objet même qu'ils avaient remis à la pauvresse : l'un une croûte de pain, l'autre une pomme pourrie, l'autre un mauvais liard. Enfin un méchant petit garçon, qui avait jeté à la pauvresse l'os qu'il rongeait, trouva cet os qu'elle avait ramassé. La dame, après s'être amusée de leur surprise, ajouta :

— N'oubliez pas que vous serez ainsi récompensés dans l'autre monde.

LES TROIS BRIGANDS.

Dans un bois, trois brigands se tenaient en embuscade. Il vint à passer un marchand, qui portait avec lui des sommes considérables et des objets de prix ; les brigands le tuèrent et s'emparèrent de tout ce qu'il possédait. Ils résolurent de faire bonne chère, pour célébrer ce crime affreux, qui leur avait été si profitable. Le plus jeune se chargea d'aller à la ville voisine, pour acheter du vin, des viandes cuites, enfin tout ce qui était nécessaire pour bien se régaler.

A peine fut-il parti que les deux autres se dirent : — Si nous étions seuls à partager ces trésors, ils nous suffiraient pour vivre. Débarrassons-nous de cet autre quand il reviendra avec ses provisions. Dès que nous l'aurons tué, nous partagerons en frères, et nous irons vivre loin de ce pays.

Le troisième brigand se disait de son côté : Si je pouvais me défaire de mes deux compagnons, tout l'argent serait à moi! Je vais empoisonner leur vin, ils en boiront, périront tous deux, et je posséderai seul les trésors du marchand.

En effet, il acheta des vivres,

mêla dans le vin un poison violent et retourna dans le bois.

A peine fut-il arrivé près de ses compagnons, que ceux-ci se jetèrent sur lui et le tuèrent à coups de poignard. Ils se mirent ensuite à manger, burent du vin auquel était mêlé le poison, et expirèrent dans des douleurs atroces.

Juste punition de la Providence! preuve nouvelle que les méchants ne peuvent se fier les uns aux autres.

LES DEUX COUSINES.

Au commencement de mai de l'année 1822 il y avait grand remue-ménage à Bignan, dans une petite auberge intitulée pompeusement Hotel Royal de France.

Là venaient de s'arrêter deux voitures traînées chacune par trois chevaux de poste; il en était descendu deux jeunes dames, un vieux monsieur et plusieurs domestiques. L'hôtesse se multipliait pour s'occuper à la fois des voitures, des paquets, des maîtres et des gens; du haut de la galerie extérieure qui régnait sur la cour tout le long de son unique corps de logis, elle donnait ses ordres au garçon d'écurie, à sa servante et même à son mari; puis, en se retournant, elle adressait la parole aux dames qui venaient de s'établir dans deux chambres donnant sur la galerie; et bien qu'il fût à peine sept heures du soir et qu'on se trouvât vers le milieu du printemps, elle demandait si l'on ne voulait pas du feu, de la lumière.

etc.; tout-à-coup elle s'interrompit pour crier :

— Hélène! Hélène! ayez soin de faire rafraîchir les gens de ces dames!

Comme il faut que tout cesse dans le monde, ce mouvement continuel cessa dès que les voyageurs furent renfermés dans leurs appartements, et les domestiques retirés dans les chambres où ils devaient passer la nuit.

Nous profiterons de ce moment de repos pour apprendre à nos lecteurs quels étaient les auteurs de ce tumulte qui avait soudainement troublé le silence habituel de l'Hotel Royal de France.

C'étaient, d'abord, deux demoiselles, toutes deux fort jeunes, orphelines toutes deux, qui, sous la conduite de leur tuteur commun, allaient s'établir dans un château au fond du Nivernais pour y passer la belle saison.

Elles étaient cousines, mais d'un peu loin; la plus âgée avait seize ans, elle était fille unique de M. DE CÉRIZY, ancien général de l'empire, mort l'année précédente, se nommait Olympe, et possédait une immense fortune consistant principalement en bois.

La plus jeune comptait environ deux ans de moins, elle avait une figure agréable et qui plaisait surtout par son air de bonté et de douceur, avantages que ne possédait pas mademoiselle Olympe, quoiqu'elle fût jolie. Cette seconde voyageuse s'appelait VIRGINIE DE LAROCHE; elle n'avait jamais connu ni son père ni sa mère. Celui-ci, diplomate distingué, qui semblait devoir parcourir une brillante carrière, était mort fort jeune, et son épouse l'avait suivi de près, laissant Virginie aux soins d'un vieux chevalier de Saint-Louis, son oncle, qu'elle lui avait désigné pour tuteur, et qui était notre troisième voyageur de l'auberge.

Ce choix avait été fait avec sagesse ; le vieillard, en dirigeant l'éducation de sa petite-nièce, employa tous les soins et toute l'habileté désirables ; aidé par une bonne gouvernante et des maîtres expérimentés, il avait fait une élève dont il était fier à juste titre Virginie à quatorze ans était grande, posée et raisonnable comme si elle en avait eu dix-huit; elle possédait les talents qui conviennent à une jeune fille de bon ne famille, et, ce qui vaut mieux, on voyait déjà briller en elle le germe des plus précieuses vertus.

C'est ce beau succès qui sans doute avait déterminé la famille de Cérizy à charger le chevalier d'une seconde pupille; mais il faut dire qu'on la lui avait donnée toute grande, toute formée, et que le tuteur avait eu beaucoup de peine à prendre sur elle une autorité du reste fort précaire.

Vainement tentait-il de réformer les défauts que le naturel un peu âpre d'Olympe lui avait fait contracter sous la direction d'un père qui l'idolâtrait; vainement lui répétait-il que la douceur, la bonté du cœur, l'indulgence pour les fautes d'autrui sont le plus bel apanage d'une femme; mademoiselle de Cérizy était parfois dure et hautaine, toujours exigeante et moqueuse; on voyait bien que les conseils de sa mère, qu'elle avait perdue dès son enfance, lui avaient manqué.

Sans pousser plus loin les détails de ces portraits, laissons agir nos personnages, ils révèleront eux-mêmes aux lecteurs leur propre caractère.

Le lendemain, à neuf heures du matin, Virginie était sortie depuis longtemps pour faire une promenade avec son tuteur, qui avait manifesté le désir de parcourir les environs.

Avant son départ elle avait vu les domestiques, s'était inquiétée de la santé de l'un d'eux, que la voiture avait indisposé. Elle avait aussi donné un coup d'œil aux bagages, aux voitures.

Quant à mademoiselle Olympe, elle dormait encore, car ce voyage la MARTYRISAIT. Deux fois Zoé, sa femme de chambre, était venue sur la pointe du pied ; elle n'avait osé éveiller sa maîtresse ; au moment où elle se retirait pour la seconde fois, avant qu'elle eût refermé la porte entr'ouverte sur elle avec précaution, de bruyantes clameurs s'élevèrent dans la cour, et arrivèrent jusqu'à l'oreille de la dormeuse ; elle entendit l'hôte, et surtout l'hôtesse, qui donnaient les épithètes les plus injurieuses à quelqu'un qui leur répondait tantôt par des prières, tantôt par des menaces, et d'aller se plaindre à M. le maire.

— Zoé ! Zoé ! s'écria Olympe, quels sont donc les mal-appris qui m'éveillent aussi brutalement ?

Voyez cela, et dites à l'hôtesse que je suis fort mécontente de ce que mon sommeil n'a pas été respecté. Mais allez donc vite! on croirait que ces gens vont s'égorger, je veux savoir ce que c'est.

Zoé descendit et s'avança vers le groupe disputant; sa présence et ses questions ramenèrent le calme; elle vit que l'objet de la colère des aubergistes était un jeune paysan auquel on demandait le paiement de SIX LIVRES SEPT SOLS, et dont on retenait le bagage pour servir de nantissement, attendu qu'il s'était laissé aller à boire avec deux mauvais sujets qui l'avaient grisé et lui avaient volé tout son argent.

Les explications recommençaient lorsque Virginie entra dans

la cour. Elle entendit le jeune paysan dire :

— O mon Dieu! je ne demeure qu'à quinze lieues d'ici. Je suis du village de Saint-Rémy, en Nivernais, je puis y être ce soir et vous envoyer votre argent demain ; je vous en prie, ne faites pas que j'arrive dans ma famille sans effets comme un vagabond.

Mademoiselle de Laroche demanda à son tour ce qu'on voulait à ce garçon; et dès que Zoé lui eut expliqué le sujet de la querelle, elle se rendit, accompagnée de son oncle, dans la chambre occupée par ce dernier, après avoir dit au jeune paysan de la suivre.

Quand ils furent seuls, elle s'informa de nouveau s'il était réellement de Saint-Rémy.

— Prenez garde, dit-elle, à ce

que vous allez me répondre, car moi-même je suis née dans ce pays, j'y possède des propriétés et je me rends en ce moment chez mademoiselle de Cérizy, dont le château est à une lieue de la maison que m'a laissée mon père.

— Comment, Mademoiselle, s'écria le jeune paysan, vous seriez la fille de M. de Laroche! Alors je suis bien sûr de ne pas rester dans l'embarras, car on vous dit bien bonne, et le mal que j'ai fait n'est pas grand'chose. Voici le fait : Je suis réellement de Saint-Rémy ; mon père est maréchal-ferrant et fait en outre un petit commerce de bois; il m'a fait apprendre le premier de ces deux états, et quand j'ai eu vingt ans il m'a envoyé faire mon tour de France.

Voilà deux ans que je voyage

de ville en ville, et je me suis perfectionné dans le métier, outre que j'ai appris un peu de serrurerie. On m'a écrit du pays de revenir parce qu'on va marier ma sœur et que mon père veut me céder la forge. J'étais en chemin pour retourner, et je suis arrivé hier dans ce village, à deux heures. Je suis entré dans l'auberge pour y dîner. J'y ai trouvé deux hommes qui se sont dits serruriers et avec lesquels j'ai fait connaissance, un peu trop vite peut-être. Nous avons dîné ensemble; ces deux fripons m'ont fait boire assez pour m'étourdir, moi qui d'ordinaire suis très sobre; je me suis endormi la tête sur la table, et ils ont profité de mon sommeil pour me voler ma ceinture où j'avais mis l'argent nécessaire à mon voyage, et 120 francs d'épargnes. Quand la nuit est venue, l'aubergiste m'a éveillé pour me faire coucher; c'est le matin seulement qu'on m'a demandé le paiement de mon écot, et même celui des deux voleurs; j'ai vu alors qu'ils m'avaient laissé sans le sou. J'ai conté l'affaire à l'aubergiste, je lui ai montré mes papiers, et l'ai prié de me faire crédit jusqu'à ce que je fusse arrivé chez mon père, à Saint-Rémy, mais il m'a refusé; je lui ai offert en gage une partie de mes effets: il ne s'en est pas contenté, il s'est emparé de mon chapeau, de mon havresac, et il dit qu'il veut tout garder jusqu'à ce que je lui aie payé six francs et sept sols, dont, pour mon compte, je lui dois à peine le tiers!

Pendant ce long discours, que le paysan débita d'une manière fort intelligente, Olympe était entrée. Elle semblait être de fort mauvaise humeur et se hâta de répondre.

— Et c'est à cause de cette sotte affaire que vous êtes venu jeter de hauts cris à la porte de ma chambre, que vous m'avez éveillée, que vous m'avez causé une migraine affreuse ! Vous espérez qu'après cette belle équipée nous allons payer vos dettes de cabaret ? n'en croyez rien ; si vous vous trouvez dans l'embarras, vous l'avez bien mérité ; je réserve mes aumônes pour des gens qui en sont plus dignes.

Le jeune paysan rougit jusqu'aux yeux.

— Ceci est bien sévère, Mademoiselle, dit le chevalier ; le mieux que nous puissions faire, c'est de mettre cette dureté sur le compte de votre migraine.

— Je ne suis pas dure, Monsieur, répondit-elle, je suis juste ; il faut que ceux qui font mal soient punis.

Et aussitôt elle se leva et passa dans sa chambre, pour achever de s'habiller. Le chevalier la regarda sortir d'un air triste, puis il fit quelques questions au jeune paysan, qui lui présenta la dernière lettre de son père. Il était réellement Louis Mathieu, fils d'André Mathieu, le maréchal de Saint-Rémy.

— Mon cher tuteur, dit Virginie, vous me permettrez bien de tirer d'embarras monsieur Louis, qui est mon compatriote.

— Certainement, mon enfant, dit le chevalier. Louis me paraît être un bon garçon qui a commis une petite faute dont il est grandement puni. Faites ce que votre bon cœur vous suggère.

— Mademoiselle, interrompit Louis, je ne désire qu'un prêt. La dame qui vient de sortir a eu tort de parler d'aumône, car jamais, depuis deux ans que j'ai quitté mon père, je n'ai été à la charge de personne.

— Eh bien! monsieur Louis, je deviendrai votre créancière. Voici quinze francs; ils vous suffiront pour payer votre dette et subvenir à vos besoins jusqu'au bout de votre voyage.

— C'est plus qu'il ne me faut, dit Louis, mais j'accepte le tout. Maintenant, ce que je souhaite, c'est de trouver l'occasion de vous témoigner ma reconnaissance.

Une heure après cette petite scène, les voitures de nos voyageuses roulaient sur la route; elles rencontrèrent Louis cheminant d'un bon pas, et portant avec une certaine fierté son havresac sur le dos.

Il est inutile de dire qu'arrivé chez lui, il s'empressa de raconter dans sa famille et dans tout le village la bonté de Virginie et la dureté d'Olympe; qu'il se hâta d'aller avec son père témoigner sa reconnaissance à celle qui l'avait tiré d'un si mauvais pas; il profita pour cela d'un moment où Olympe était absente, car Virginie était logée chez sa cousine, et cette visite, faite en présence de mademoiselle de Cerizy, eût été considérée comme un affront; néanmoins elle ne l'ignora pas.

Louis n'avait pas parlé de l'argent. Quelques jours après, c'était la fête patronale de Saint-Rémy, on invita mademoiselle de la Roche à se rendre dans l'ancienne demeure de son père, qui était un petit château à deux pas du village, afin d'y recevoir les hommages des habitants du lieu et les bouquets des jeunes filles; elle accepta et vint avec son tuteur; elle fut fêtée comme une dame châtelaine et comme une bienfaitrice. Le premier hommage qu'elle reçut fut une magnifique corbeille de fleurs, au milieu de laquelle se trouvait une belle bourse brodée d'or, qui contenait le montant de la dette de Louis, et exprimait sa reconnaissance par cette simple devise : « Je serai toujours votre débiteur. »

Virginie fut vivement touchée de ces preuves d'affection et de gratitude, et par suite il s'établit entre elle et les habitants de son pays natal un échange des sentiments les plus doux; toute jeune qu'elle était, elle se regardait comme la protectrice, comme la mère de tous ceux qui avaient besoin d'elle, elle soulageait les pauvres de ses économies, donnait de bons conseils à ceux qui lui en demandaient, enfin rendait service de toute manière chaque fois que cela lui était possible; de leur côté, les habitants de Saint-Remy lui étaient tout dévoués;

ses propriétés n'avaient pas besoin de garde : tout le village eût lapidé celui qui eût osé lui causer le moindre tort; son nom était béni et respecté.

Olympe aussi persistait dans la voie où elle était entrée; son superbe château avait été autrefois la résidence des seigneurs de Saint-Remy; bien que ce titre n'existât plus depuis longtemps, la propriété de la terre de Cerizy avait toujours assuré à ses possesseurs la prépondérance dans le canton; Olympe voyait donc avec jalousie que les anciens vassaux de sa famille la négligeaient pour sa cousine Virginie; elle n'en devint que plus hautaine dans ses rapports avec eux. Elle était dure envers ses fermiers et ses inférieurs, exigeait toujours tout ce qu'elle avait rigoureusement droit de demander, ne s'inquiétait aucunement des souffrances des autres; aussi peu à peu l'on redouta d'avoir avec elle le moindre rapport.

Quelques années se passèrent, les deux cousines se marièrent, et alors les bonnes qualités de l'une et les défauts de l'autre purent se voir dans tout leur jour; l'opinion publique leur rendit constamment justice.

Pendant ce temps-là, Louis était devenu un personnage; son père mort, il avait recueilli un bel héritage, et comme il était fort intelligent, il avait profité de circonstances favorables et gagné beaucoup d'argent dans le commerce des bois. Il n'était pas le seul à qui profitassent son expérience et son habileté; fallait-il se hâter de vendre ses bois ou bien convenait-il de n'en rien faire, il allait trouver M. DE VIGNEY (c'était le nom du mari de Virginie) et l'en prévenait; toujours celui-ci se trouvait bien des conseils de Louis, et comme il était propriétaire de forêts très étendues, il ne tarda pas à améliorer sa fortune.

Olympe, après deux ans de mariage, était devenue veuve, elle se nommait madame DE FAUGAS. Elle administrait elle-même ses biens et s'était fixée à Cerizy. On conçoit bien qu'elle ne consultait pas Louis, qui de son côté ne lui offrait pas ses conseils : aussi se trouvait-elle pour la vente de ses bois en rapport avec quelques intrigants qui la volaient à qui mieux mieux.

Ce désagrément n'était pas le seul qu'elle éprouvât; M. Louis avait été élu maire de son village, et grâce à lui autant qu'à l'affection des habitants, monsieur et madame de Vigney étaient devenus les personnages importants du pays; leur influence et leur pouvoir dans le canton étaient sans bornes; il est vrai qu'ils ne voulaient que ce qui était bon, juste et utile à tous.

Madame de Faugas, au contraire, restait en butte aux mille petits ennuis qu'éprouvent les riches propriétaires qui ne sont pas aimés de leurs voisins.

Vous voyez, mes chers lecteurs, combien le caractère d'Olympe et de Virginie avait contribué à rendre agréable ou à troubler leur existence de tous les jours.

Vous avez vu quelles heureuses conséquences avaient découlé pour Virginie de la bonté qu'elle avait jadis témoignée à un inconnu. Mais un événement bien grâve vint rendre encore plus évidente cette vérité : que la pratique des vertus est le meilleur de tous les moyens pour assurer son bonheur personnel et se défendre contre l'adversité.

Tout le monde a entendu parler de ces incendies si fréquents qui désolèrent, il y a quelques années, plusieurs provinces de France. Le Nivernais ne fut pas épargné. Là, ce n'était point aux granges, aux fermes, aux maisons que s'attaquaient les incendiaires, ils commettaient leurs crimes avec beaucoup plus de facilité, car c'était aux bois qu'ils mettaient le feu.

La principale richesse de toute la contrée se trouvant ainsi menacée, on veillait la nuit, on faisait des rondes, des battues de tous côtés; plusieurs fois on prévint les ravages du feu, qu'évidemment des mains criminelles avaient allumé au milieu des bois

En janvier 1830 ces tentatives avaient cessé, et la surveillance s'était ralentie, lorsqu'au milieu de la nuit des cris : Au feu! vinrent arracher à leur sommeil les habitants de Saint-Remy.

Une flamme dévorante s'élevait de trois côtés d'une magnifique futaie d'une vaste étendue, appartenant à madame de Faugas! Olympe arriva elle-même dans le village, et pressa les autorités, c'est-à-dire le maire et son adjoint, de diriger promptement les secours sur le lieu de l'incendie. Malgré sa hauteur habituelle, elle descendit jusqu'à prier : sa fortune tout entière était menacée.

Dans de tels périls l'homme secourt ses ennemis mêmes ; aussi se hâtait-on de diriger et les pompes et les travailleurs vers la futaie embrasée, lorsque tout-à-coup une voix s'éleva et s'écria : — Voyez ! voyez ! le bois de madame de Vigney brûle aussi !

— Allons-y ! allons-y ! s'écrièrent tous ceux qui étaient sur pied ; que quelqu'un coure annoncer cela par les rues, il faut que tout le monde vienne !

Aussitôt, d'un mouvement spontané, les habitants qui étaient déjà en marche rebroussèrent chemin et coururent à toutes jambes vers le lieu du nouvel incendie ; madame de Faugas les vit passer ! Elle s'adressa, en pleurant, au maire pour lui demander aide : il venait de s'atteler lui-même à une pompe, et lui répondit dans son empressement :

— Eh quoi ! n'avez-vous pas entendu que c'est madame de Vigney qui brûle ?

Et il partit d'un bon train.

Enfin, pour comble de douleur, elle vit son propre garde-forestier se mettre à la tête des nouveau-venus pour les diriger par un chemin rude, dangereux, mais le plus court de beaucoup ; elle lui reprocha de l'abandonner, lui qui mangeait son pain.

— Je ne puis rien seul, répliqua le garde, et tant que madame de Vigney brûlera vous n'aurez personne d'ici; le plus sûr est donc d'aller les aider pour revenir ensuite chez vous.

Les secours portés aux bois de Virginie furent si prompts, qu'elle perdit à peine quelques arpents de taillis. Il n'en fut pas de même de ceux de madame de Faugas : l'incendie s'y étendit sans obstacle, et quand enfin l'on arriva pour le combattre, un vent violent du midi le favorisait; on ne s'en rendit maître que le surlendemain. Madame de Faugas perdit par cet événement une partie de sa fortune; elle n'en devint ni plus douce ni plus humaine, tant il est difficile d'étouffer les mauvaises qualités quand nous les avons laissées grandir avec nous.

LE MARIAGE MANQUÉ.

Madeleine, restée orpheline de bonne heure, avait été élevée par l'une de ses tantes. A dix-huit ans elle était bonne ménagère, d'un caractère doux et aimable, laborieuse et fort jolie de figure. Aussi, quoiqu'elle n'eût aucune fortune, un riche marchand du voisinage voulut la prendre pour femme.

C'était un homme rempli de bonnes qualités, et vraiment religieux; le bonheur de Madeleine se trouvait donc assuré. Tout fut promptement convenu, et l'on dressa le contrat de mariage, qui stipulait les plus grands avantages en faveur de la jeune épouse.

On apporta l'acte pour le faire signer; mais, hélas! la jeune fille s'était toujours senti une grande répugnance pour l'application que demandait l'étude de l'écriture, elle ne savait pas même tracer son nom. Il lui fallut avouer son ignorance en présence de son futur; elle en rougissait de honte.

— Comment, lui dit-il, vous, si bien élevée, vous ne savez pas écrire?

— Mon Dieu! non, répondit-elle.

— Mais alors il est impossible que je vous épouse ; en mon absence ma femme doit pouvoir tenir mes écritures, répondre aux lettres, signer pour moi; quelque chagrin que j'en éprouve, je suis obligé de retirer ma demande.

Le mariage ne put se faire, et jamais Madeleine ne retrouva l'occasion qu'elle avait manquée. Bien plus, comme on ne put taire le motif de la rupture, elle fut exposée aux moqueries des jeunes filles que sa bonne fortune avait rendu jalouses.

LE PAIN ET L'EAU.

Désiré, qui avait pour père un riche propriétaire, déjeunait un matin dans une chambre basse donnant sur la rue. La maison de son père ne se ressentait sans doute pas de la disette qui régnait alors et de la cherté des vivres, car la table était chargée de mets de toute espèce.

Le pauvre Guillot, gardeur de moutons dans la montagne, n'avait, lui, à manger, que le quart de son soûl; étant venu ce jour-là à la ville, il vit Désiré à table, s'approcha de la fenêtre et lui demanda un petit morceau de pain.

— Va-t'en, répondit celui-ci, je n'ai pas de pain pour toi.

Quelques mois s'écoulèrent, et par une chaude journée d'automne Désiré était allé à la chasse dans la montagne; il s'égara en poursuivant une pièce de gibier et arriva, après une longue marche, dans un canton tout à fait inhabité, où les passages étaient d'un accès fort difficile. Il erra longtemps sous le brûlant soleil du midi, monta, descendit vingt fois, et se fatigua beaucoup; en outre, il était affamé, mourant de soif. Il trouva bien dans sa carnassière un morceau de pain pour satisfaire son appétit; mais quand il eut mangé, sa soif devint plus ardente encore; il n'avait rien pour l'apaiser. Dans ce moment, il aurait payé un verre d'eau au poids de l'or.

Enfin il aperçut, sur une montagne voisine de l'endroit où il était, un homme qui gardait des moutons. Il courut vers lui pour lui demander à boire. O bonheur! en approchant, il vit que le berger avait une cruche pleine d'eau; cette boisson lui semblait cent fois plus désirable que les meilleurs vins, et il espérait bien qu'il allait s'en régaler. Mais, hélas! quand il fut tout près il reconnut le pauvre Guillot; il se hasarda cependant à lui demander un verre d'eau.

— Allez-vous-en, lui répondit celui-ci, je n'ai pas d'eau pour vous.

Vainement Désiré offrit-il de payer cette eau vingt sous le verre, puis cent sous, puis vingt francs. Guillot refusa obstinément.

Désiré eut de nouveau recours aux prières, et le berger alors lui répondit :

— Je n'ai l'intention ni de vous refuser mon eau, ni de vous la vendre; mais j'ai voulu vous faire voir combien il est dur d'être repoussé quand on souffre de la faim ou de la soif. Buvez donc tant que vous voudrez, et n'oubliez plus que les besoins des pauvres sont aussi impérieux que les vôtres.

Cette leçon fit apercevoir à Désiré toute la dureté de sa conduite passée; il récompensa magnifiquement Guillot, et depuis se montra charitable envers tous les nécessiteux.

FIN.

Limoges. — Imp. Eugène ARDANT et Cie.

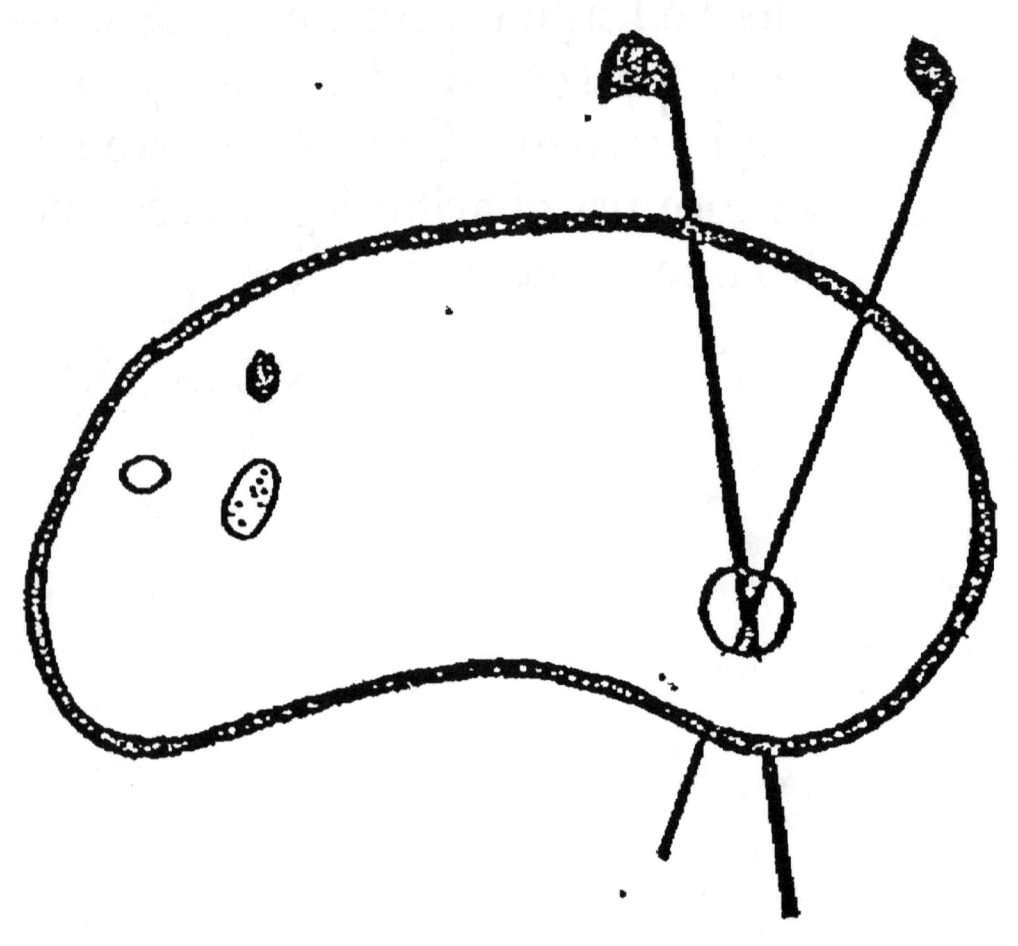

ORIGINAL EN COULEUR
NF Z 43-120-8

www.ingramcontent.com/pod-product-compliance
Lightning Source LLC
LaVergne TN
LVHW021005090426
835512LV00009B/2093